AF258228

MÉMOIRES.

A MM. LES MEMBRES DE LA COUR IMPÉRIALE DE PARIS.

Monsieur le premier Président, Messieurs les Conseillers,

Je viens demander à la Cour la réformation d'une décision rendue par le conseil de l'ordre des avocats à la Cour impériale de Paris, qui, après dix-huit mois d'attente, *n'a pas admis ma demande d'admission au stage.* Cette décision, dont la date m'est encore inconnue, m'a été notifiée par une lettre, du 8 mars 1854, de M. le secrétaire de l'ordre, qui ne m'en fait pas connaître les motifs.

Il est vrai que M. le bâtonnier, auquel j'avais écrit pour lui demander copie d'une décision dont j'annonçais l'intention de demander la réformation, m'a fait connaître verbalement que le conseil s'était déterminé uniquement par l'incompatibilité qui existerait à ses yeux entre l'exercice de la profession d'avocat et le traitement attaché, je crois, au grade dont je ne remplis plus les fonctions. Il a ajouté que l'arrêté du conseil de l'ordre n'énonçait, du reste, aucun motif, ses décisions en matière d'admission au stage ou au tableau étant sans appel.

Si cette prétention était admise, les mêmes lois réglant aujourd'hui dans toute la France l'exercice de la profession d'avocat, il en résulterait que, partout où il y aurait six avocats près d'un tribunal et, par conséquent, possibilité de former un conseil de l'ordre composé d'au moins cinq membres, ce conseil, souvent trop intéressé à prononcer un refus, aurait un droit souverain pour admettre ou rejeter par un arrêté non motivé l'avocat que ses intérêts viendraient de fixer dans la même ville !

Un pareil privilége n'est dans l'intérêt de personne, ni du conseil de l'ordre, ni du barreau, ni du public. Il n'est bon pour personne d'exercer un pouvoir sans contrôle : car, si le pouvoir de tout faire n'est pas le droit de tout faire, les passions humaines tendent trop souvent à confondre l'un et l'autre. Même à Paris pourrait-on affirmer que le conseil de l'ordre gagnerait en considération réelle à pouvoir rendre, sans les motiver, des décisions auxquelles on pourrait croire que la sanction d'une juridiction supérieure comme la vôtre eût manqué ! Et, bien que l'ordre des avocats renferme à Paris un grand nombre d'illustrations, n'est-il pas permis ici, en se bornant à un seul exemple, de regretter pour le barreau de Paris et pour le public que M. Lacordaire n'ait pas été admis à y entrer en 1831 ? Ne peut-on pas croire que la Cour de Paris l'eût admis en l'absence de tout texte contraire à son admission, s'il eût formé devant elle un appel reçu plusieurs fois en pareil cas, s'il fût né dans le ressort de la Cour de Caen, cette terre où le sentiment du droit est plus fort que partout en France, ou, s'il ne se fût rappelé, en présence des luttes qui pouvaient attendre au barreau son talent déjà si connu, qu'il était ministre d'un Dieu de paix ?

Vous avez sous les yeux, Messieurs, le mémoire que j'ai adressé, à la date du 24 février 1854, à MM. les membres du conseil de l'ordre des avocats. Il établit tous mes droits légaux à être admis à faire mon stage. Les raisons qui y sont exposées subsistent tout entières en présence d'une décision dont les motifs ne sont pas indiqués : Ma tâche, aujourd'hui, ne consiste plus qu'à vous faire voir que rien n'autorise le privilége revendiqué par l'ordre, privilége qui a toujours manqué d'un texte formel en sa faveur : et pourtant, en l'absence d'un texte formel, dans le silence ou dans l'obscurité de la loi, le privilége s'évanouit, le droit commun reste.

Je vais essayer de démontrer que la prérogative, réclamée par le conseil de l'ordre, de prononcer en premier et dernier ressort sur l'admission au stage ou au tableau, ne peut se fonder pas plus sur l'esprit que sur le texte de l'ordonnance du 20 novembre 1822, qu'on ne peut invoquer pour l'établir les anciens usages, qu'elle aurait beaucoup d'inconvénients au point de vue de tous les intérêts même qu'on prétendrait lui faire sauvegarder. Et, pour cela, je vais examiner quel était le but de l'ordonnance du 20 novembre 1822, dont les principales dispositions règlent encore l'exercice de la profession d'avocat, et quelles ont été les décisions judiciaires rendues jusqu'ici dans des questions analogues à celle qui vous est soumise en ce moment.

L'ordonnance du 20 novembre 1822 fut inspirée par un sentiment de la dignité, de l'indépendance et de la liberté nécessaires à la profession d'avocat, sentiment qui se trouvait méconnu dans le décret impérial du 14 décembre 1810. Elle n'appelle plus le procureur-général à participer aux élections des fonctionnaires de l'ordre; le ministre n'a plus le droit, de son chef, d'imposer aucune peine de discipline; la disposition qui prescrivait aux avocats de donner quittance de leurs honoraires n'est pas renouvelée. Le décret de 1810, comme s'il admettait qu'il y avait eu dans le barreau une sorte de droit à l'injure, consacré par les traditions, défendait formellement aux avocats de *se livrer à des injures ou à des personnalités offensantes,* d'user, dans les plaidoiries, *de suppositions dans les faits, de surprises dans les citations et autres mauvaises voies;* tout cela a disparu dans l'ordonnance de 1822, qui se repose, avec raison, en cela, sur l'honneur et la conscience de l'avocat; en maintenant formellement le droit de prolonger le stage, et ajoutant pour le stagiaire cette peine aux peines ordinaires de discipline, elle ne parle plus de ne pas l'inscrire au tableau après son stage, en cas d'inexactitude ou d'*inconduite habituelle.* Elle évite partout, dans les mots comme dans les choses, de porter atteinte, sans nécessité, à la dignité et à la liberté de la profession qu'elle réglemente, mais en revanche elle attribue aux Cours d'appel, saisies par l'avocat condamné correctionnellement, le droit d'aggraver la peine, quoique le procureur-général n'ait pas appelé, et de prononcer la radiation du tableau au lieu de l'interdiction temporaire. Elle refuse à l'avocat condamné à l'avertissement ou à la réprimande le droit d'en appeler et l'accorde au procureur-général. Comme toutes nos lois, et comme le décret qu'elle remplace, cette ordonnance établit deux degrés de juridiction : le premier, le conseil de l'ordre des avocats, prononçant, sans appel de la part de l'avocat, deux peines légères qu'elle indique formellement, dont l'effet est tout moral et dont l'une admettait cependant, antérieurement, l'appel ; le second degré de juridiction, la Cour impériale, prononce en dernier ressort les peines qui affectent gravement l'exercice de la profession d'avocat. Assurément, on ne saurait prétendre avec raison qu'une loi pareille, rendue dans un temps de liberté, ait voulu, par deux articles (les articles 18 et 24), le premier qui établit quatre peines de discipline : l'avertissement, la réprimande, l'interdiction temporaire et la radiation du tableau; le second qui établit formellement le droit d'appeler des décisions qui prononcent l'interdiction temporaire ou la radiation, on ne saurait admettre, dis-je, qu'une pareille ordonnance ait voulu permettre que cinq avocats, ou davantage, pussent prononcer souverainement et sans appel, dans des questions qui intéressent autant l'avocat qu'une interdiction temporaire ou qu'une radiation, et que le licencié en droit, admis au rang d'avocat par un arrêt de la Cour, que l'avocat déjà connu, que ses intérêts décident à se fixer auprès d'un autre siége, pussent se voir privés de la possession d'un état, peut-être toute leur fortune, en même temps que de leur honneur, par un refus d'admission non motivé, rendu à une date inconnue peut-être, peut-être par un nombre de membres insuffisant pour le formuler légalement. Non, l'appel est de droit commun; il doit être permis pour l'avocat, pour toutes les décisions du conseil de l'ordre, qui ont le même effet que les deux peines pour lesquelles l'appel est permis, qui n'ont pas un effet purement moral, comme les deux peines de l'avertissement et de la réprimande; c'était là l'intention de la Restauration, qui aimait plus la liberté, qui aimait moins le privilége, que la plupart de tous ceux qui l'attaquaient au nom de la liberté et lui ont survécu jusqu'à nos jours. Après avoir donné, par l'ordonnance du 5 juillet 1820, au simple étudiant, pour peines disciplinaires infligées par les autorités universitaires, le droit de se pourvoir contre la décision, d'appeler, suivant différentes distinctions, de la décision de la Faculté, devant le Conseil académique, de la décision du Conseil académique devant le Conseil royal de l'instruction publique, de la décision du Conseil royal de l'instruction publique devant le Conseil d'État, la restauration n'a pu vouloir abandonner l'étudiant, le laisser à la merci d'une seule décision contraire, non motivée, au moment où, devenu avocat, il va demander à exercer la profession qu'elle a pris tant de soin à lui garantir à l'école, contre l'erreur d'une décision d'un seul degré de juridiction.

Un peu plus d'un mois après l'ordonnance de 1822, le 6 janvier 1823, le ministre qui l'avait signée, invitait, par une circulaire célèbre, les procureurs-généraux à dénoncer aux conseils de l'ordre les avocats inscrits au tableau qui n'exerceraient pas réellement, et dans le cas où l'inscription serait maintenue, à *se pourvoir par appel devant la cour*. Contrairement à l'opinion du ministre, les Cours de France pensèrent que l'ordonnance de 1822, qui avait accordé formellement aux procureurs-généraux, dans l'intérêt de la morale et de la dignité du barreau, contre les avocats inscrits au tableau, des avantages bien en dehors de l'égalité et du droit commun, n'admettait point l'intervention du procureur-général dans un cas où l'intérêt de la société n'avait rien à faire, et qui touchait à des faits difficiles à apprécier, résolus d'ailleurs en faveur de l'avocat intéressé par ses collègues. On peut dire que les cours ont été unanimes sur cette question, depuis 1823 jusqu'à nos jours, à moins qu'on ne veuille voir une modification à cette jurisprudence dans des arrêts tout récents motivés par cette circontance, que le barreau de Clamecy se trouvait en nombre insuffisant pour constituer un conseil de l'ordre en omettant du tableau un certain nombre d'avocats qui ne paraissaient plus au Palais, et dont deux, déportés en Afrique à la suite des événements de décembre 1851, avaient toujours été maintenus depuis sur le tableau de Clamecy, par les conseils de l'ordre en exercice.

Au lieu de ne voir dans ces arrêts que des décisions rendues dans un cas douteux, en faveur de la liberté et du respect des droits individuels, des personnes trop préoccupées d'anciennes prérogatives du barreau, que personne ne peut bien connaître aujourd'hui, ont voulu y voir aussi la reconnaissance de privilèges du conseil de l'ordre, qui léseraient bien autrement les droits individuels que l'admission d'un appel du procureur-général, dont la Cour pourrait toujours apprécier le mérite au fond. Ils ont confondu deux choses bien distinctes, le droit qui a toujours été refusé, ainsi que je viens de le dire, par les Cours aux procureurs-généraux d'attaquer l'inscription au tableau d'un avocat avec le droit personnel à l'avocat d'attaquer la décision qui refuse de l'y admettre. C'est ainsi que la liberté elle-même peut servir quelquefois de base à l'arbitraire ! Dans un ouvrage imprimé en 1842, et qui me paraît avoir exercé une grande influence sur les arrêts postérieurs, M. Mollot assure textuellement, pages 192 et 193, que le *procureur-général ne peut pas plus attaquer l'inscription d'un avocat au tableau, que celui-ci attaquer la décision qui refuse de l'y admettre... La jurisprudence des tribunaux est uniforme en ce sens.*

Pourtant, M. Mollot ne cite à l'appui que quatre arrêts, dont un de Paris du 7 mars 1814, rendu sous l'empire d'une autre législation, quand l'ennemi était au cœur de la France, est cité dans le réquisitoire de M. le procureur-général Dupin, qui en a sans doute pu voir le texte comme repoussant la demande à fin d'admission au tableau formée par un avocat contre une décision du conseil de l'ordre. Pour moi, je n'ai pu trouver nulle part le texte de cet arrêt, ni dans le recueil de Sirey, ni dans le *Journal du Palais :* quant aux trois autres arrêts cités par M. Mollot, ils rejettent l'intervention du procureur-général en matière de formation du tableau. Après en avoir lu le texte dans Sirey, j'ai voulu chercher dans ce recueil, depuis la date de l'ordonnance de 1822 jusqu'en 1851, dernière année que j'aie trouvée dans les bibliothèques publiques de Paris, les arrêts rendus en matière d'appel contre des décisions de conseils de l'ordre portant refus d'admission au stage ou au tableau. J'y ai trouvé,

avant la date de l'ouvrage de M. Mollot, un seule affaire en pareille matière qui a motivé deux arrêts de la Cour de Caen, en date des 11 et 27 janvier 1837, (Sirey, 37, 2, p. 171;) ils sont tout-à-fait défavorables en principe et en fait à la doctrine de l'omnipotence du conseil de l'ordre des avocats. Il s'agissait de M. Jardin, aujourd'hui procureur impérial à Bayeux ; le conseil de l'ordre de Falaise venait, par une décision non motivée, de refuser de l'admettre au stage, et la Cour de Caen, malgré l'opposition du conseil de l'ordre de Falaise, ordonna son inscription comme stagiaire à la suite du tableau. J'avoue que je regrette encore de ne pas avoir vu, cité par M. Mollot à côté de l'arrêt de Paris du 7 mars 1814 (sans doute dans un sens contraire, mais dont je n'ai pu voir le texte,) cet arrêt de Caen, le seul qui juge directement, à ma connaissance, la question de l'omnipotence du conseil dans la période qui s'est écoulée depuis l'ordonnance de 1821 jusqu'en 1842. M. Mollot le cite ailleurs, p. 212, en donnant la page du recueil de Sirey où il se trouve ; mais, par une singulière préoccupation chez l'historien des usages du conseil de l'ordre de Paris, il le cite comme rendu en matière de prorogation de stage. Je ne sais d'où peut venir cette erreur, que n'avait point faite, je crois, M. Philippe Dupin dans l'article cité aussi par M. Mollot, et qui se trouve dans l'*Encyclopédie du Droit*, au mot avocat. Je dois reconnaître que quelques arrêts rendus en matière de pourvois formés par des procureurs-généraux contre la formation de tableaux d'avocats, ont pu, aux yeux de M. Mollot, préjuger par quelques-uns de leurs considérants, en faveur de l'omnipotence absolue du conseil de l'ordre : d'autres me paraissent préjuger dans un sens tout-à-fait contraire : dans un sens comme dans l'autre, aucuns ne peuvent avoir la même valeur qu'un arrêt rendu directement en matière de refus d'admission au stage ou au tableau. Quoi qu'il en soit, parmi ces arrêts qui n'ont pu être rendus que dans les premiers temps qui ont suivi la circulaire du 6 janvier 1823, l'un des plus remarquables est celui de la Cour d'Amiens, du 28 janvier 1824 (Sirey, 24, 2, 66;) en effet, la Cour rejeta le pourvoi du procureur-général qui demandait le retranchement du tableau d'Amiens de sept avocats, mais elle avait rejeté auparavant en déclarant que « cette fin de non-recevoir était
» d'ordre public, l'intervention du conseil de l'ordre d'Amiens, qui ne peut
» être à la fois juge et partie, qui, ayant reçu de l'ordonnance du roi du
» 20 novembre 1822, une juridiction et des attributions spéciales, est juge
» des matières sur lesquelles il est appelé à prononcer ; dès lors, il n'a
» point qualité pour former tierce-opposition aux décisions supérieures
» qui porteraient préjudice aux droits individuels de quelques avocats;

» ou même qui contiendraient des préjugés contraires à ses attributions,
» que de pareilles décisions ne sauraient être attaquées que par les indi-
» vidus qui, s'y trouvant intéressés, n'y auraient pas été appelés. » Ces
considérants me paraissent conformes de tout point aux vrais principes
et applicables en matière de refus d'admission au tableau ou au stage.

Après les arrêts de Caen des 11 et 27 janvier 1837, qui sont tout-à-
fait contraires à la prétention à l'omnipotence des conseils de l'ordre, il
faut arriver à l'année 1846 pour trouver, dans le *Recueil de Sirey*, un arrêt rendu en matière d'appel contre des décisions portant refus d'admission au tableau ou au stage. Cet arrêt fut rendu par la Cour de Lyon, le
27 février 1846 (Sirey, 46, 2, 231 ;) il s'agissait d'un avocat qui, inscrit
au tableau de l'ordre à Paris, (où on ne dit pas que des plaintes eussent
jamais été portées contre lui,) était venu plaider à Lyon dans une affaire
importante, et, ayant conçu l'idée de se fixer dans cette ville, avait solli-
cité du conseil de l'ordre des avocats de Lyon son inscription au tableau.

Mais, ce conseil, dit le *Recueil de Sirey, par des motifs restés inconnus
et sans en énoncer aucun dans sa délibération, rejeta sa demande.* Dans
un compte-rendu assez long de ce procès, on ne voit pas qu'on ait fait
connaître à la Cour de Lyon l'arrêt si bien motivé, rendu le 11 janvier
1837, par la Cour de Caen ; on voit que l'ouvrage de M. Mollot, au contraire, fut cité, et il dut exercer une grande influence en raison de la position de son auteur. La Cour déclara le refus d'admission au tableau des
avocats de Lyon non recevable en appel devant elle, et M. Briquet se
pourvut en cassation. Deux ans après, le 24 février 1848, la Cour de
Lyon (Sirey, 1849, 2, 348) également toutes chambres réunies, après une
connaissance certainement plus complète, on peut le dire, des précédents, décide dans un sens tout-à-fait opposé : elle admet l'appel de
M. Reydellet, ancien magistrat, ancien avoué, contre une décision du
conseil de l'ordre des avocats de Nantua, qui avait refusé de l'admettre
au tableau ; elle réforme cette décision et ordonne son admission au
stage, bien qu'il eût fait son stage avant d'être avoué. Un mois auparavant, la Cour de Paris elle-même avait déclaré recevable l'appel de
M. Allain, failli réhabilité, contre une décision du conseil de l'ordre des
avocats de Paris qui avait refusé son admission.

Dans sa séance du 22 janvier 1850, la Cour de cassation qui avait été saisie
de pourvois contre les trois arrêts précédents, déclara non recevables à la
fois le pourvoi de M. Briquet contre l'arrêt de Lyon du 27 février 1846, qui
déclare la décision du conseil de l'ordre des avocats de Lyon à son égard
sans appel, et celui du procureur-général de Lyon, contre l'arrêt du 24

février 1848, qui admet l'appel de **M.** Reydellet, contre la décision du conseil de l'ordre de Nantua, et réforme cette décision. Quant à l'arrêt de la Cour de Paris du 20 janvier 1848, qui avait admis l'appel de M. Allain, il fut cassé dans la même séance du 22 janvier 1850; mais comme la Cour de Paris n'avait pas prononcé l'admission au stage de M. Allain, la position de MM. Briquet, Reydellet et Allain resta telle au fond, que les Cours saisies de l'appel l'avaient faite, et M. Reydellet put continuer son stage.

L'autorité de ces arrêts de la Cour de cassation, quoique rendus le même jour par la même chambre, et en supposant dans les considérants, aux décisions des conseils de discipline *d'autres motifs que celui d'incompatibilité qui a servi de base à la décision qui me concerne*, est fort grande sans doute ; mais nos codes interdisent sagement aux juges de disposer par voie réglementaire dans les causes qui leur sont soumises ; la Cour de cassation, comme les autres Cours, ne relève jamais que de la loi et de sa conscience, et non de ses arrêts précédents : la même chambre de la Cour de cassation, même composée des mêmes membres, s'ils ont reconnu dans la loi des motifs qui avaient pu leur échapper une première fois, à plus forte raison si elle est composée en tout ou en partie de nouveaux membres, peut juger plus tard dans une autre affaire d'une manière contraire. La Cour de Lyon a jugé autrement le 24 février 1848 que le 27 février 1846 : la Cour de cassation peut juger en 1854 autrement qu'en 1850 : elle peut juger comme les Cours de Paris et de Lyon ont jugé toutes deux en 1848. La contrariété même des décisions rendues par la justice dans des cas analogues n'est-elle pas un argument en faveur du droit commun et contre le privilège ?

M. le procureur-général Dupin a soutenu, à l'occasion des arrêts du 22 janvier 1850, devant la Cour de cassation, avec cette éloquence qu'il porte partout, et qui a dû peser d'un grand poids sur les décisions de la Cour, la doctrine de l'omnipotence du conseil de l'ordre, qu'il avait admise comme bâtonnier. La Cour me permettra d'examiner ici avec assez de détail, la valeur des arguments qu'il a produits. M. Dupin aîné, qui avait pensé d'abord en 1834 (il le déclara alors) à s'abstenir de porter la parole devant la Cour de cassation, alors que M. Parquin, bâtonnier de l'ordre, venait de recevoir directement de la Cour royale de Paris la peine de l'avertissement pour un discours prononcé à l'occasion de certains démêlés entre des avocats à l'audience et un ou plusieurs magistrats, lui qui disait alors devant la Cour de cassation (Sirey, **34**, p. 472) que , « dans le système » de l'ordonnance de 1822, tout rentre dans l'ordre naturel des deux

» degrés de juridiction, » lui qui se récriait alors (p. 475) « sur ce qu'un
» avocat serait traduit directement en Cour royale, jugé et peut-être rayé
» du tableau, déshonoré, ruiné en premier et dernier ressort, tandis que,
» pour le moindre délit, pour un délit de chasse, il y a deux degrés de ju-
» ridiction. » M. Dupin, lorsqu'il ne s'agit plus que d'un avocat non inscrit
au tableau, n'hésite pas à revendiquer, en 1850, comme un des anciens
privilèges de l'ordre, le droit du conseil de refuser en premier et dernier
ressort, l'admission au tableau ou au stage. Il rappelle que le chancelier
Poyet, que le célèbre avocat Dumoulin appelait *bipedum nequissimus*,
(était-ce publiquement après sa chute, ou dans l'intimité par exemple
d'un hôte illustre, alors que le chancelier était encore sur son siège?)
ne put après sa chute se faire inscrire au tableau de l'ordre des avocats
de Paris. Il cite l'appel de Linguet rayé du tableau : « le parlement de
» 1775 le déclara non recevable dans l'opposition qu'il avait formée con-
» tre l'arrêt par défaut du parlement Maupeou, qui avait également re-
» poussé sa plainte. En un mot, pendant un laps de cinq cents années.
» depuis l'époque où le parlement fut rendu sédentaire, on ne rencontre
» pas un seul cas où cette Cour soit intervenue dans la formation du
» tableau des avocats pour leur forcer la main. » Il dit ensuite que l'usage
de Paris est devenu loi, depuis l'ordonnance du 20 novembre 1822,
et n'examine point les arrêts des parlements autres que celui de Paris :
Toutefois, comme on avait cité deux arrêts du parlement de Paris, rendus en 1610 et en 1775, tous les deux contraires à la doctrine de l'omnipotence du conseil de l'ordre et où il s'agissait, dit-il, d'avocats de sièges
inférieurs (mais où il s'agissait cependant de l'autorité, en pareille matière,
du parlement qui jugeait) M. Dupin dit que les faits ne sont pas connus,
que les arrêts ne sont pas motivés. Mais tout cela ne peut-il se dire également de tout ce qui est allégué pour établir qu'antérieurement à 1789,
les anciens usages avaient établi cette omnipotence prétendue du conseil
de l'ordre ou de ce qui le remplacait, omnipotence formellement niée
pour cette époque, dans les arrêts de Caen du 11 janvier 1837 et de Paris
du 20 janvier 1848 ? Personne ne peut nier que M. Roblein fut inscrit,
par arrêt du parlement de Poitiers, du 28 juin 1775, sur le tableau des
avocats de Poitiers, qui avaient refusé son admission : que, dans les sièges
inférieurs du ressort, on en appelait au parlement de Paris, mais qu'à
Paris même on en appelait au moins des décisions des députés de l'ordre
(le conseil de l'ordre de l'époque) à l'assemblée de l'ordre. Quand même
un arrêt du parlement de Paris, du 29 mars 1775, aurait, dans l'affaire de
Linguet ou d'un autre, déclaré non recevable l'appel d'un avocat rayé du

tableau par les députés de l'ordre, en février 1775, aujourd'hui que cet appel serait formellement recevable, d'après l'ordonnance de 1822, s'il avait été formé dans les délais, que signifierait cet arrêt, pour rétablir, sous une constitution qui proclame les principes de 1789, des privilèges détruits en 1789, sans qu'un seul des avocats, membres alors de l'assemblée constituante, ait voulu parler en leur faveur? Pourrait-on, dans ces privilèges sur lesquels deux personnes ne pourraient peut-être se mettre d'accord aujourd'hui, trouver des motifs pour permettre de prononcer à Paris, en premier et dernier ressort, sur l'admission d'un avocat, alors qu'à Paris il y avait au moins deux degrés de juridiction en matière d'admission au tableau, en refusant encore de reconnaître celle du parlement de Paris, celle des députés de l'ordre et celle de l'ordre tout entier. Ces privilèges qu'on invoque tant en faveur de l'ordre, sont formellement détruits, et M. Daviel, dans l'ouvrage sur la profession d'avocat de M. Dupin aîné (p. 628, t. 1) reconnaît qu'il n'existe aucune analogie entre les dispositions de l'ordonnance de 1822 et les anciens usages du barreau de Paris, dont il ne reste rien... rien que la répartition matérielle des avocats en colonnes, détruite depuis en 1830.

Il me reste à prouver que l'omnipotence des conseils de l'ordre aurait les plus grands inconvénients, même au point de vue des intérêts et de la dignité de l'ordre. Soit qu'on prétende la faire découler de l'ordonnance de 1822, qui n'établit aucune différence entre les prérogatives des différents conseils de l'ordre, soit qu'on veuille la faire découler du maintien par l'article 45 de cette ordonnance des *anciens usages observés dans le barreau* (et non dans tel ou tel barreau), *relativement aux droits et aux devoirs des avocats dans l'exercice de leur profession*, il faut admettre que si le conseil de l'ordre est souverain, il l'est également à Paris et là où l'ordre tout entier se compose de six membres. A moins qu'on ne veuille prétendre qu'après la destruction des anciens parlements, et la fusion en un seul corps des lois et coutumes qui régissaient les diverses parties de la France, les questions relatives à l'existence officielle de l'avocat puissent se résoudre comme certaines questions de bail, par l'usage des lieux. Eh! bien, dans un de ces barreaux qui renferment six ou sept membres et où l'on a vu trois avocats déclarer qu'ils s'abstiendraient tant qu'ils continueraient à compter au nombre des sept membres de l'ordre, trop nombreux encore apparemment à leur gré, le gendre du Président du Tribunal, peut-on croire que des décisions non motivées portant refus d'admission au tableau ou au stage, seraient toujours à l'abri du soupçon d'avoir été inspirées plutôt par l'intérêt personnel des membres du conseil de l'ordre que par l'intérêt de la société? Croit-on que ce soupçon ne serait pas quelquefois fondé?

Toutes les raisons données pour prouver qu'il est sage d'admettre l'appel devant la Cour de l'avocat déjà inscrit au tableau, et de le refuser contre les demandes d'admission au tableau, s'appliqueraient également, quelquefois mieux encore, pour prouver la légitimité qu'il y aurait de refuser l'appel de l'avocat déjà inscrit au tableau, si cet appel n'était formellement admis par l'ordonnance de 1822. Elles sont une critique de l'esprit de cette ordonnance en cherchant à interpréter son silence. M. Philippe Dupin aussi, ancien bâtonnier de l'ordre à Paris. reconnaît que « lorsqu'il s'agissait d'infractions ou de fautes commises par » un avocat (*inscrit au tableau* est sous entendu) il était à craindre que » la passion ou d'autres sentiments égarassent les conseils de discipline ; » alors le pouvoir de révision avait son utilité, tandis que ce pouvoir » n'était plus que dangereux et blessant pour l'ordre, alors qu'il était » question d'admettre ou de refuser un étranger (*lisez un avocat non ins-* » *crit au tableau*), qui sollicitait son admission au stage. » Mais, est-ce qu'on peut prétendre qu'un avocat, ou déjà inscrit au tableau dans une autre Cour, ou qui aura pu acquérir des titres spéciaux dans le sacerdoce, ou dans la carrière militaire, les deux professions qui supposent le plus de dévouement et de désintéressement, qui a pu se trouver mêlé à la politique à des titres divers. ne pourra jamais exciter *la passion* ou *d'au-tres sentiments* au sein d'un conseil de discipline, qui renfermera peut-être beaucoup de membres plus jeunes que lui, quelques-uns, ses contemporains, tous ayant pu se heurter avec lui dans une longue carrière. soit dès le collége, soit depuis ?

Monsieur Dupin aîné, dans son réquisitoire à la Cour de cassation, parle des traces ineffaçables de l'arrêt. de la division ou de l'hostilité sourde entre le conseil de l'ordre et l'avocat inscrit malgré le conseil de l'ordre, comme des motifs pour décider que les arrêtés du conseil de l'ordre, lors d'un refus d'admission devaient être sans appel et non motivés. Est-ce qu'un arrêt défavorable de la Cour aura des traces moins ineffaçables pour l'avocat inscrit au tableau, ou, s'il est maintenu par la Cour malgré le conseil de l'ordre, est-ce que les divisions, l'hostilité entre ce membre de l'ordre et ceux qui voulaient le rejeter, si tous ne sont pas réellement des hommes de bien, agissant toujours également dans la liberté de leur conscience, est-ce que cette hostilité, est-ce que ces divisions n'éclateront pas avec plus de force, quand il s'agira d'un homme connu personnellement depuis longtemps, qui pourra avoir des partisans nombreux et dans l'ordre et jusque dans le conseil de l'ordre ! Cependant, malgré ces inconvénients, l'ordonnance de 1822 n'a pas voulu (il n'est pas permis d'en douter puisqu'il y a texte formel), pour l'avocat frappé de la suspension ou de la radiation du tableau, que son honneur et sa fortune dépendissent d'un arrêté sans appel : l'esprit de l'ordonnance, le droit commun, qui permettent l'appel toutes les fois qu'il n'est pas défendu formellement, l'autorisent pour l'avocat dont l'admission au stage ou au tableau est refusée : car si c'est à tort que ce refus a été prononcé, il lui préjudiciera plus qu'une suspension temporaire, dont on peut cependant appeler.

Monsieur Dupin aîné assimile encore l'épreuve de l'inscription au tableau pour les licenciés admis au serment par les Cours, aux épreuves dans les concours *pour l'École-Polytechnique, où les candidats refusés ne peuvent appeler de ce refus, ni se plaindre qu'on leur ferme une carrière à laquelle ils s'étaient préparés longuement et par de coûteux sacrifices.*

Il faudrait qu'une voix éloquente ait une bien grande influence pour qu'un argument pareil ait pu produire une grande impression à l'audience de la Cour de cassation. Qui ne sait que, dans les concours, tous ne peuvent pas être admis, mais seulement les plus capables, et que les juges du concours sont les personnes les plus compétentes sur des matières spéciales, qu'elles *professent* ou ont *professées* avec éclat ? Et encore, pour les examens oraux, dans les concours à l'école polytechnique, il y a deux examinateurs prononçant successivement avec une autorité égale, des décisions dont la combinaison décidera du rang du candidat. Dans le barreau, au contraire, il n'y a point de limite de nombre : tous peuvent être admis, et, pour être admis au stage ou au tableau, il faut remplir les mêmes conditions que pour rester au tableau, ne pas être dans un cas d'incompatibilité légale, avoir mené et mener une vie morale. Pourquoi, lorsque les conditions sont les mêmes, lorsque les intérêts sont les mêmes, refuser à l'avocat qui vient de prêter serment, ou qui avait été inscrit au tableau, ailleurs ou antérieurement, les mêmes garanties, les mêmes juges qu'à l'avocat qui n'a pas cessé d'être inscrit au tableau ? S'il s'agit d'incompatibilités, qui peut mieux que les Cours d'appel chargées de prononcer en dernier ressort sur tous les graves intérêts civils, prononcer définitivement sur les incompatibilités ? Dans un cas analogue au mien, deux arrêts de Toulouse des 21 décembre 1840 (S. 41, 2, 10), et 2 janvier 1843 (S. 42, 2, 74), *ont maintenu* sur le tableau trois avocats nommés conseillers de préfecture à Toulouse, et que le conseil de l'Ordre de cette ville traitait d'employés à gage : dans la doctrine que je combats, un arrêté en premier

et dernier ressort eût exclu de la profession d'avocat, à côté de ces deux arrêts, un **quatrième** conseiller de préfecture, s'il eût été avocat à Paris
avant d'être nommé. Et s'il s'agit de moralité, certainement l'avocat qui
demande au conseil (qui le qualifie d'étranger) son admission dans l'ordre, ne peut contester, dans aucune ville, la compétence du conseil de
l'ordre, et à Paris surtout, où les membres du conseil ont mérité par leurs
vertus et leur talent, d'y être appelés par un collège plus nombreux ; mais
enfin, puisque M. Dupin a parlé des professeurs qui examinent, prétend-
il, en premier et dernier ressort, sur des matières que seuls ils professent,
nous professons tous la morale, nous devons tous la professer par les
exemples de notre vie, et ne pas appeler les magistrats chargés de rendre
la justice, et placés dans les conditions supérieures de lumières et d'im-
partialité, que personne ne peut méconnaître, à prononcer sur une pareille question, seulement lorsqu'il s'agit d'un avocat qui n'est pas inscrit
au tableau, ne serait-ce pas supposer que la Cour est moins sévère, sur les
faits de moralité que le conseil de l'ordre, supposition fausse, injurieuse
pour la Cour, et plus encore pour les avocats inscrits sur le tableau ?

M. Dupin suppose encore dans son réquisitoire « cette hypothèse,
» plutôt probable qu'impossible, » dit-il, « que l'avocat introduit de
» vive force par arrêt sur un tableau, dont le conseil de l'ordre l'avait
» repoussé, mérite ensuite par sa mauvaise conduite d'être déféré à ce
» même conseil par le ministère public, ce conseil sera-t-il le plus humi-
» lié? » Laissons de côté pour le moment le cas plus habituel où la Cour
n'aurait pas admis une incompatibilité prétendue, j'opposerai à l'hypothèse
de M. Dupin une autre hypothèse plus consolante pour l'humanité, c'est
qu'il s'établira un combat de vertu et de désintéressement, entre l'homme
admis par la Cour et les membres du conseil de l'ordre qui l'avaient repoussé par erreur; et j'ajouterai que mon hypothèse s'est seule réalisée
jusqu'ici, puisque M. Jardin, dont l'admission au stage a dû être pronon-
cée par la Cour de Caen en 1837, a mérité d'être placé par deux gouvernements successifs à la tête d'un parquet. Mais si la supposition de M.
Dupin venait par malheur à se réaliser jamais, il me semble que ni la
Cour, ni le conseil de l'ordre, ni le barreau, n'auraient à être humiliés
parce qu'un homme aurait cessé d'être vertueux. La meilleure manière
de s'honorer pour les corps comme pour les individus, c'est plutôt de
pratiquer la vertu que d'en soupçonner trop facilement le manque chez
les autres. Qu'importent pour l'honneur d'un corps nombreux, surtout
dans des temps de révolution comme ceux où nous vivons, des défaillan-
ces individuelles, réprimées aussitôt que connues? C'est ainsi que l'hon-

neur de la magistrature est tout entier dans la justice et l'indépendance de ses arrêts, et l'honneur de la magistrature française, qui a compté parmi ses membres les Molé, les de Thou, les Séguier, les d'Aguesseau, les Malesherbe, les Desèze, les Pansey, et mille autres illustres par leurs vertus et leurs talents, n'a pu recevoir d'atteinte parce que M. Teste a été placé à la tête du ministère de la Justice à une époque où il était pur du fait qui le fit condamner, parce qu'il a été appelé ensuite, en sortant d'un autre ministère, par le pouvoir exécutif, à faire partie pendant quelque temps de la Cour de cassation. Quant au barreau de Paris, qui avait nommé M. Teste bâtonnier en 1838 par élection directe, quant au conseil de l'ordre qui a maintenu en 1839 sur le tableau son bâtonnier de la veille, devenu ministre de la Justice, après avoir omis du tableau en 1831 un autre avocat devenu aussi ministre de la Justice, si le barreau de Paris n'en est pas moins resté le premier du monde, on peut bien dire que le conseil de l'ordre s'est trompé dans l'un des deux cas, car la loi n'avait pas changé de 1831 à 1839. Si l'erreur a été commise la seconde fois, ce que je n'affirme pas, en tous les cas elle ne lésait les droits de personne et ce n'est pas là assurément ce qui pourrait faire regretter que les Cours d'appel n'aient pas reconnu, comme le voulait la circulaire du 6 janvier 1823, un droit, bien différent du droit d'appel que je réclame en ce moment, le droit du procureur-général d'intervenir, pour faire omettre du tableau un avocat qui n'aurait pas le droit d'y figurer, aux termes de l'article 5 de l'ordonnance du 20 novembre 1822, comme n'exerçant pas sa profession. Mais s'il est vrai, qu'il vaille mieux absoudre un coupable que de condamner un innocent, combien à plus forte raison, ne peut-on pas dire que ce n'est pas dans les arrêtés d'admission, ou de maintien, mais dans les refus d'admission au tableau prononcés contre des individus honorables ou fondés (autant qu'on peut supposer des motifs là où l'arrêté n'en indique aucun) fondés sur des incompatibilités que la loi ne prononce pas, que la magistrature n'aurait pas reconnues, qu'il pourrait se trouver un véritable danger pour la société et pour l'honneur de l'ordre. Pour ma part je ne saurais voir ce que l'intérêt de la morale publique, ce que l'honneur de l'ordre, invoqués par M. Dupin, peuvent gagner à ce que les conseils de l'ordre puissent exclure de l'entrée du barreau, en premier et dernier ressort, un prêtre comme M. Lacordaire, ou un militaire, sous prétexte que les deux professions, dans la société, qui supposent le plus de dévouement et de désintéressement, seraient assimilables aux emplois à gages ! Ceux qui connaissent le talent, le caractère et les vertus de M. Lacordaire, peuvent juger ce que le conseil de l'ordre a fait perdre au bar-

reau de Paris, en ne l'admettant pas dans ses rangs. Pour ceux qui ne le connaissent pas, je me bornerai, puisqu'on a parlé des anciens usages, à citer ce passage de l'ancienne institution des avocats, que je trouve dans M. Dupin aîné (Profession d'avocat, p. 714, V. 1.) « Rien n'est plus propre à dimi-
» nuer le barreau que d'en interdire l'entrée à certaines classes de per-
» sonnes, telles que les ecclésiastiques, les sujets qui ont passé trente
» ans... l'âge murit les talents, ainsi que les vertus... Pourquoi exclure
» les ecclésiastiques, dont on a droit d'attendre des mœurs pures et un
» esprit cultivé? N'est-ce pas dégrader la profession du barreau que de
» la déclarer incompatible avec le sacerdoce? »

C'est donc à vous, Messieurs, avant comme après l'admission au ta-bleau, à protéger la société et le barreau lui-même contre les entraîne-ments du conseil de l'ordre. Les corps invoquent des priviléges, d'abord dans l'intérêt de la société et sont lents à les développer, lorsqu'ils sont contestés; puis si l'usage ou la jurisprudence, à défaut d'une loi claire, viennent à les établir d'une manière définitive, alors ils les revendiquent comme leur bien propre et les étendent d'une manière effrayante. Si la doctrine que je combats et que M. Dupin aîné a soutenue avec tant de talent au conseil de l'ordre et à la Cour de cassation, venait à triompher définitivement, et si M. Dupin lui-même, surmontant la répugnance que lui inspire le paiement de la patente d'avocat, voulait reprendre sa place dans ce barreau de Paris, qu'il a illustré par tant d'éloquence, où il a acquis ses premiers titres à tout ce qu'il est devenu depuis, il pourrait donc se faire qu'un autre conseil de l'ordre sans doute que celui-ci pût refuser, sans motifs comme sans appel, M. Dupin lui-même, l'ancien bâtonnier, l'ancien ministre, l'ancien conseiller du roi Louis-Philippe, le dernier président de l'assemblée législative! Et il serait possible aux générations futures de chercher un jour à expliquer une pareille me-sure, comme dans des cas obscurs éloignés de nos jours, par d'autres motifs que par des motifs politiques! On me dira peut-être que ma sup-position est impossible. Je répondrai qu'il y a longtemps que le mot im-possible a cessé d'être français. N'a-t-on pas vu, il y a quelques années, dans nos assemblées élues, des hommes oubliant qu'il y a des honnêtes gens dans tous les partis, ceux qui respectent les lois et ne conspirent jamais se prétendre exclusivement honnêtes et modérés en même temps que républicains, ce qu'ils étaient au moins fort peu, ils en conviennent aujourd'hui. L'intervention de la magistrature qui, seule traverse impas-sible nos révolutions, parce que la justice doit être de tous les temps, cette intervention peut seule servir de garantie aux grands intérêts individuels, qu'un corps soumis par de fréquentes élections aux avantages comme aux inconvénients qui résultent des mouvements quelquefois si rapides de l'opinion publique, ne peut juger qu'en premier ressort et à charge d'appel devant vous.

Par tous ces motifs, Messieurs, j'espère que la Cour de Paris, en 1854 comme en 1848, comme la Cour de Lyon aussi en 1848, et comme la Cour de Caen, dès 1837, ne verra dans l'ordonnance de 1822 que l'intention de permettre aux conseils de discipline de juger en premier et dernier ressort, seulement les intérêts légers des avocats, intention exprimée formellement pour les peines de discipline, en réservant nommément l'appel devant vous pour les deux plus graves sur quatre ; vous déciderez que l'appel, qui est de droit commun, est recevable en matière d'admission au stage ou au tableau, contre des décisions qui ont le même caractère que l'interdiction ou que la suspension. Ce système, qui est fort simple et garantit de la même manière les intérêts de l'avocat, à dater du jour où il a prêté serment devant vous, avant et après son admission au tableau est celui de la loi, qui n'a pu vouloir permettre au conseil de l'ordre de prononcer en premier et dernier ressort, comme pouvoir administratif, des décisions beaucoup plus graves que l'une des deux peines de discipline qu'il ne peut prononcer, comme pouvoir judiciaire, qu'à charge de l'appel; vous recevrez l'appel que j'ai formé, le 17 mars 1854, contre la décision du conseil de l'ordre des avocats, et vous la réformerez en ordonnant mon admission au stage près votre cour, d'après les considérations qui sont exposées dans le mémoire que j'adressais, le 24 février dernier, au premier degré de juridiction, au conseil de l'ordre des avocats de Paris.

Alençon, 18 février 1854.

J. de GASTÉ, *avocat*.

A MM. LE BATONNIER ET LES MEMBRES DU CONSEIL DE L'ORDRE DES AVOCATS A PARIS.

Messieurs,

Le 2 décembre 1852 j'ai déposé à votre secrétariat une demande pour être admis à faire mon stage auprès de la Cour d'appel de Paris : j'ai joint à cette demande un extrait d'un arrêt rendu le 15 septembre 1837 par la Cour royale de Rennes, qui a reçu mon serment d'avocat.

Dans le mois de juillet 1853, je me présentai au Palais-de-Justice pour connaître le sort de ma demande : on m'apprit, cette fois, qu'il fallait payer un droit de serment qui s'élève à 45 francs, y compris, je crois, une cotisation annuelle, avant qu'on pût statuer sur mon admission.

Je payai, et j'appris, quelques jours après, qu'on avait nommé un rapporteur chargé de présenter l'affaire au conseil de l'ordre des avocats.

Je m'empressai de me rendre auprès de l'honorable rapporteur et de lui remettre, sur sa demande, toutes les pièces en ma possession qui pouvaient l'éclairer sur ma position passée et présente.

J'étais officier du génie maritime et j'exerçais des fonctions publiques en cette qualité, quand j'ai prêté le serment d'avocat en 1837 : cela était connu du ministère public exercé à Rennes en cette circonstance par un membre actuel de la Cour de cassation; cela était connu des membres de la chambre des vacations, auxquels j'avais eu l'honneur de faire individuellement une visite avant d'être admis à prêter serment devant eux.

Je suis encore officier du génie maritime, mais je n'en exerce plus les fonctions. Le *Moniteur* du 26 août 1852 a cru devoir publier un article anonyme sur les motifs de ma mise en retrait d'emploi. J'ai traduit le *Moniteur* en police correctionnelle pour avoir refusé d'insérer ma réponse à son article : malgré la modération des termes de ma réponse, le tribunal a jugé la résistance du *Moniteur* fondée, par un jugement que, seul peut-être de tous les journaux de Paris, le *Moniteur* n'a pas cru de-voir reproduire.

Quels sont les motifs qui peuvent empêcher le conseil de l'ordre de prononcer mon admission?

On m'a dit qu'il avait paru, au premier abord, qu'il pouvait y avoir une certaine analogie entre ma position et celle d'un magistrat sus-pendu de ses fonctions qui demanderait à exercer la profession d'avocat.

On serait fondé, en effet, à établir cette analogie si les officiers et les magistrats avaient les mêmes garanties contre une suspension arbitraire de leurs fonctions.

Mais, pour suspendre un magistrat, aux termes de la loi du 21 avril 1810, il faut que ce magistrat ait été condamné, après avoir été entendu par un ou plusieurs tribunaux, où il a été jugé par des collègues ou des supérieurs inamovibles, n'ayant à subir aucune influence en dehors de leur conscience, ayant pu apprécier personnellement la conduite du ma-gistrat inculpé. Il faut encore que la décision qui frappe le magistat ait été approuvée par le ministre de la justice.

Aucune de ces garanties n'est donnée à un officier qui, aux termes des articles 6 et 24 de la loi du 19 mai 1834, peut être mis en retrait d'em-ploi, au moment où il est le plus loin de s'y attendre, *par décision royale, sur le rapport du ministre de la guerre* ou de la marine. Chez plusieurs nations, le ministre ne peut appliquer cette mesure que *d'après l'avis d'un conseil d'enquête.* Un député, M. de Ludre, a vainement tenté de faire introduire cette disposition dans la loi française.

En fait, après le coup d'état du 2 décembre 1851, j'ai obtenu de nom-breux suffrages, comme républicain, dans trois villes importantes : Brest, Cherbourg et Rochefort. Le *Moniteur*, qui m'a appris le coup qui me frap-pait, assure, dans son numéro du 26 août 1852, que les délégués des mi-nistres de la police et de l'intérieur à Rochefort avaient demandé mon éloignement de cette ville. C'est là ce qui a déterminé, au dire du journal officiel, ma mise en retrait d'emploi dans un moment où l'on allait passer de la République à l'Empire, mais où on avait apparemment encore le droit d'être républicain, puisqu'on allait consulter la France.

Je crois, Messieurs, en droit et en fait, vous avoir démontré qu'il ne saurait y avoir aucune analogie entre ma position et celle d'un magistrat suspendu de ses fonctions. Vous ne pourriez y voir un motif d'indignité contre moi qu'en admettant que tous les actes des gouvernements, qu'ils s'établissent ou qu'ils durent depuis des siècles, ne sont inspirés que par la haine du vice et par l'amour de la justice et de la vertu, ce qui, en effet, serait assez désirable pour qu'on fût porté à l'admettre.

On m'a donné une autre raison encore : il résulte de l'article 42 de l'ordonnance du 20 novembre 1822 une incompatibilité entre la profession d'avocat et les emplois à gages, dans lesquels on prétendrait ranger les fonctions publiques.

Cette raison est si extraordinaire, que je n'aurais pas cru devoir m'arrêter à la combattre sérieusement, si je n'avais trouvé un grand nombre d'arrêtés du conseil de l'ordre qui consacrent cette étrange doctrine, en présence, il est vrai, d'autres arrêtés qui consacrent la doctrine contraire, dans un ouvrage que l'honorable rapporteur de mon affaire m'a engagé à lire pour y apprendre mes devoirs, l'ouvrage publié en 1842 par M. Mollot, alors membre du conseil de l'ordre, aujourd'hui membre du tribunal de la Seine.

Ce livre, intitulé *Règles sur la profession d'avocat*, cite entr'autres précédents un arrêté du 15 mars 1831 qui refuse d'admettre au stage un prêtre célèbre, M. Lacordaire. Tout en reconnaissant que le conseil n'a pu trouver un texte de loi qui déclare explicitement l'incompatibilité, M. Mollot assure *qu'il a été touché de ces deux motifs généraux : 1° que les ecclésiastiques reçoivent aujourd'hui un traitement de l'État; 2° que l'exercice de leur ministère ne leur permet pas de consacrer à la profession d'avocat le temps et l'asssiduité voulus.*

Mais comment concilier cet arrêté avec celui du 19 novembre 1839, qui a maintenu sur le tableau M. Teste, ministre de la justice, et M. Boudet, secrétaire-général du ministre de la justice !

Est-ce que ces Messieurs ne touchaient pas de l'État un traitement *réel* et bien autrement considérable que le traitement *éventuel* qui attend un prêtre comme curé ou vicaire? Est-ce que leurs fonctions pouvaient leur permettre de consacrer à la profession d'avocat le temps et l'assiduité voulus ?

Il est vrai qu'un arrêté du 5 janvier 1831 avait décidé, sous l'empire de la même législation, à l'occasion de je ne sais quel ministre et quel secrétaire-général de la justice, que M. Mollot a craint de nommer, je ne puis imaginer pour quelle bonne raison, tout le contraire de l'arrêté du 19 novembre 1839.

Voilà cependant les erreurs et les contradictions où peuvent tomber les corps les plus considérables, les esprits les plus distingués, quand on oublie que la loi est faite pour être appliquée à Paris comme dans les départements, que son sens est simple afin d'être à la portée de tout le monde, qu'il exclut ces distinctions trop subtiles à l'aide desquelles on peut, dans des endroits différents ou dans le même lieu, à des époques différentes, tirer des conséquences directement contraires d'un article de loi qui n'avait d'autre but, précisément, que de substituer toujours une décision unique à l'arbitraire.

Or, Messieurs, l'article 42 de l'ordonnance du 20 novembre 1822, qui établit les fonctions incompatibles avec la profession d'avocat est fort clair, le voici :

« Art. 42. La profession d'avocat est incompatible avec toutes les *fonc-*
» *tions* de l'ordre judiciaire, à l'exception de celles de suppléant ; avec les
» *fonctions* de préfet, de sous-préfet et de secrétaire-général de préfec-
» ture ; avec *celles* de greffier, de notaire et d'avoué; avec les emplois à
» gages et ceux d'agent comptable, avec toute espèce de négoce. En sont
» exclues toutes personnes exerçant la profession d'agent d'affaires. »

Voilà qui établit les devoirs du conseil de l'ordre : voilà qui établit mes droits. Car il est de principe que les incompatibilités ne sauraient s'étendre; la privation d'un droit est comme une sorte de peine qu'une disposition formelle de la loi peut seule établir : ajouter à la loi, à cet égard, serait commettre une usurpation sur le pouvoir législatif et sur les droits des citoyens.

Or, la langue française, l'ensemble de l'article 42, la manière dont il est appliqué dans toute la France, (1) où certains fonctionnaires publics

---

(1) Un grand nombre de fonctionnaires de toute espèce ont été admis à l'exercice de la profession d'avocat à Paris et en province : il serait trop long d'en citer les exemples, et, d'ailleurs, MM. les membres du conseil de l'ordre connaissent mieux que moi les précédents. Je me bornerai à établir que ma position offre plus de garanties de temps et d'indépendance pour l'exercice de la profession d'avocat que trois sortes de fonctions publiques cumulées en ce moment même avec l'inscription au tableau à Paris, où elles n'ont jamais provoqué d'arrêté d'incompatibilité : ce sont les fonctions de professeur de droit, de conseiller de préfecture, de président du Corps législatif (il est vrai que ces dernières fonctions n'ont encore été exercées que par un seul individu). Pour le temps, il est bien clair que j'en ai plus à ma disposition même qu'un président du Corps législatif, puisque je n'ai absolument aucunes fonctions à remplir. Quant à l'indépendance, je ne dois ma position qu'au concours et à l'ancienneté : on ne peut m'enlever mon grade que par un jugement : cela doit me mettre sur la même ligne que les professeurs en droit et avant le président du Corps législatif, qui peut craindre de perdre au bout de chaque année des appointements de cent mille francs. Pour ce qui est des conseillers de préfecture, outre qu'ils peuvent toujours être révoqués, ils ont contre eux d'être appelés souvent à remplir *précisément des fonctions* que l'article 42 de l'ordonnance du 20 novembre 1822 déclare incompatibles avec la profession d'avocat. Ainsi, un conseiller de préfecture remplace momentanément et par délégation le préfet, soit au chef-lieu, en son absence, soit dans les

exercent librement la profession d'avocat, s'opposent à cette prétention, que le législateur aurait voulu comprendre dans les emplois à gages les fonctions publiques.

Certes, je suis loin de vouloir dire du mal de ceux qui reçoivent un salaire et exercent un emploi chez un particulier, dans un pays, surtout, où le nombre des fonctionnaires publics tend à s'accroître tous les jours et à devenir égal au nombre des contribuables, mais ce sont ces emplois-là que la langue française, aussi bien que la loi qualifie d'emplois à gages. Le traitement donné par l'Etat, qu'on soit ministre de la justice, ou prêtre, susceptible à ce titre, de devenir curé ou vicaire de ville ou de campagne, qu'on soit magistrat chargé de rendre la justice, ou officier appelé à verser son sang pour son pays, qu'on soit conseiller de préfecture, professeur en droit, ou professeur dans une autre faculté, a le même caractère dans tous ces cas, et ne saurait, pas plus dans un cas que dans l'autre, constituer des fonctions publiques en emplois à gages.

En désignant certaines fonctions publiques, à raison de leur caractère particulier comme incompatibles avec l'exercice de la profession d'avocat, la loi a clairement établi que les fonctions publiques n'étaient, pas plus pour elle que pour la langue française, des emplois à gages : elle a établi les droits de toutes les autres fonctions publiques à l'exercice de la profession d'avocat.

Même si j'exerçais les *fonctions* d'officier du génie maritime, vous n'auriez pas le droit, d'après l'article 42 de l'ordonnance du 20 novembre 1822, de refuser de m'admettre au stage, puisque la loi n'exclut que ceux qui remplissent les *fonctions* de préfet, de sous-préfet, de secrétaire-général de préfecture, et toutes les *fonctions* de l'ordre judiciaire excepté celle de suppléant, comment cet article pourrait-il vous donner le droit de m'exclure, alors que je ne remplis aucune fonction de mon grade ?

On dit, Messieurs, que le droit que vous avez d'admettre ou de refuser au stage ou au tableau est absolu et n'admet pas d'appel, que c'est un des

---

cantons ruraux lors des tournées de révision. Un conseiller de préfecture, dans presque tous les départements, remplit d'une manière permanente les fonctions de secrétaire général. Même dans ce cas le conseil de Paris, consulté par le barreau d'Arras, n'a pas trouvé d'incompatibilité. Comment le conseil de l'ordre, qui respecte, par un scrupule que je crois légitime, des positions si voisines du cercle des incompatibilités tracé par la loi, pourrait-il persister à en atteindre, par ses arrêtés, d'autres qui en sont si éloignés ?

privilèges consacrés par le 2ᵉ paragraphe de l'article 45 de l'ordonnance du 20 novembre 1822, ainsi conçu : « Les usages observés dans le bar-
» reau relativement aux devoirs des avocats dans l'exercice de leur pro-
» fession, sont maintenus. »

Je crois vous avoir démontré que la loi n'établit aucune incompatibilité entre les fonctions d'officier du génie maritime et l'exercice de la profession d'avocat : que les précédents et les contradictions que j'ai eu à signaler dans les arrêtés de vos devanciers sont dus à des erreurs de l'esprit humain, qui entraînent trop souvent les corporations et les nations ou ceux qui les conduisent, aussi bien que les individus. On arrive facilement à croire juste ce qui est possible, ce qui s'accorde avec certain esprit de corps ou de nation. En vous appelant à des considérations d'un ordre plus élevé par le spectacle de précédents, dont l'ensemble ne saurait se justifier, comme il justifie pleinement le respect si scrupuleux de l'Angleterre pour le texte littéral de la loi, seul moyen de ne pas usurper sur les droits d'autrui (et il faut savoir s'arrêter devant les droits d'autrui pour rester digne de la liberté), vous ne croirez pas que j'ai voulu manquer à ce que je dois au conseil de l'ordre.

Quant à l'autre raison, qui a plus de valeur en thèse générale qu'une incompatibilité, que la loi n'a pas établie, ma mise en retrait d'emploi, vous n'oublierez pas qu'elle a eu lieu dans la période qui s'est écoulée du 2 décembre 1851 au 2 décembre 1852, alors qu'un grand nombre de citoyens illustres, qui avaient toujours respecté toutes les lois, les Lamoricière, les Bedeau étaient exilés, d'autres déportés en Afrique : je n'ai dû qu'au hasard des lieux à la fois, et à la médiocrité de ma position, de rester en France moins atteint dans la tempête : je pensais comme eux, et comme j'ai toujours respecté toutes les lois, vous apprécierez dans votre conscience si la position que mes opinions politiques m'ont faite, peut être un motif d'indignité : qu'une ordonnance ou qu'une loi émanant de tous les pouvoirs publics vous constitue, il n'importe, vous êtes juges, cela vous suffit comme à moi.

On m'a engagé à retirer la demande que j'ai formée auprès de vous il y a près de dix-huit mois déjà ; j'ai cru devoir m'y refuser. L'homme de bien l'est indépendamment des temps : il ne peut recevoir d'amoindrissement moral que de ses actes, et non de ceux des autres.

Paris, 24 février 1854.

J. DE GASTÉ , avocat.

Paris.— Imprimerie française et espagnole de Dubuisson et Cᵉ, rue Coq-Héron, 5.